MARTIN STRUCK

Gedichte & Poems

AF220234

Martin Struck

Gedichte & Poems

Deutsche und Englische Lyrik

Bibliografische Information der Deutschen
Nationalbibliothek:
Die Deutsche Nationalbibliothek verzeichnet diese
Publikation in der Deutschen Nationalbibliografie;
detaillierte bibliografische Daten sind im Internet über
http://dnb.dnb.de abrufbar.

© 2021 Martin Struck

Herstellung und Verlag: BoD - Books on Demand,
Norderstedt

ISBN: 9783755734161

Die Poesie

Die Poesie,
Sie treibt nicht,
Sie erscheint und bleibt
Für eine Weile,

Gerad so lang, bis all das Feine,
Die Gedanken,
Die immerfort mein Herz berühren,
Steh'n auf Papier, dem altbekannten.

Gleich einem Freund, der niemals fehlt
Und dem man jederzeit,
Sofern man selbst dazu bereit,
Seine Geschichte dann erzählt,

Der zuhört,
Deinen Redeschwall,
Der wie ein Fluss durchs tiefe Tal
Sich windet
Und immer wieder seinen Weg dort findet,
Nicht stört.

So ist die Poesie,
Sie lauscht, nimmt auf, verkörpert wie
Du diesen Augenblick empfandest,
Als deine Hand du wie in Trance
Auf ihren Weg des Dichtens sandtest,

Sie Vers um Vers nicht Worte schrieb,
Nein, dem Papier Gewicht verlieh.
Das macht sie aus die Poesie.

Über dich

Über dich könnt ich schreiben, bis mein Bleistift zerbricht,
Bis der Papst von Verhütung und Homoehe spricht,
Bis ich's endlich mal schaffe, alle Sterne zu zählen
Und die Rechten sich trauen, die Linken zu wählen.

Über dich könnt ich reden, bis mir die Spucke wegblieb,
Bis der letzte Mann vergisst seinen Trieb,
Bis die Reichsten der Reichen bereit sind zu teilen
Und die Ärmsten der Armen in Villenvierteln weilen.

An dich könnt ich denken, bis die Sonne verglüht,
Bis das nächste Weltall durch 'nen Urknall entsteht,
Bis die Affen vermuten, dass sie vom Menschen abstammen
Und dann daraufhin ihren Stammbaum verdammen.

Ich könnt dich betrachten, bis die Meere austrocknen,
Bis der höchste der Berge wird sein der Brocken,
Bis Dummheit und Sturheit den Menschen sind fremd
Und endlich die Mehrheit den wahren Grund kennt.

Dir könnt ich lauschen, bis ich mit Taubheit gegeißelt,
Deine Stimme wär in meinem Kopf fest gespeichert
Und setzte sich fort dann ganz bis zum Schluss,
Denn sie ist ganz sicher der schönste Tinnitus.

Du wirst für immer ein Teil von mir sein,
Denn das meine Liebe, ist gemeißelt in Stein.

Auf Papier

Wieder einmal schreib ich an dich,
Gefühle fass in Worte ich,
Die auf Papier dann Strich für Strich,
Zu einem Sinne finden sich.

Und Satz um Satz wird dann entstehen,
Was ich dir oft nicht sagen kann.
Die Hoffnung, Freude auf ein Leben
In ein Gedicht, ein Lied gebannt.

So ist in Lyrik festgehalten,
Was sonst doch oft so leicht entschwindet.
Das Zeugnis einer vielgestalten,
Gelebten Liebe, wohlbegründet.

Wer schreibt, der bleibt

Im zart bemalten, edlen Dunst
Der abendlichen Sonnenröte,
Da warb ein Bursche um die Gunst
Der Einen, die sein Herz verführte.

Jedoch fiel dies ihm nicht sehr leicht,
Sie war doch auch so wunderschön.
Zerbrach den Kopf sich, zu erreichen,
Sein Ziel, doch wo waren die Ideen?

Er bracht' ihr Tuch und Schmuck, dergleichen,
Grad alles was er schicklich fand,
Doch wollte das Gefühl nicht weichen,
Dass er stets stieß auf Widerstand.

Die Angebetete, sie wollte nicht,
Dass er ihr Herz mit Geld gewann,
Da schlug der Bursch' ganz vorsichtig
Romantischere Töne an.

Zwei Zeilen wohl gewählter Worte
Oder auch kleine Gesten nur,
Ein Lächeln der besonderen Sorte,
Waren schon eine andere Tour.

Das Mädchen, ganz verzückt vom Wandel,
Umworben wie das höchste Gut,
Sah sich auch endlich nun im Stande,
Ihn zu belohnen für seinen Mut.

Nun schreibt er gern Gedichte ihr,
Aus Liebe und in stetem Wissen,
Dass was er heut bringt zu Papier,
Ist selbst in Jahren nicht verschlissen.

Und mehr noch, idealerweise,
Entdecken Menschen seine Werke,
Die glücklich lächelnd und voll Freude
Sich in Gefühlen sehen bestärkt,

Die tief in ihren Herzen schliefen
Und Bahn sich brechend durch die Zeilen
Selbst Schreibmuffel zum Schreiben riefen,
Zum fleißigen Gedanken teilen.

Gemeinsamer Tag

Der Abendsonne Glanz entschwindet,
Am Ende dieses längsten Tags,
Doch als ihr letzter Strahl
Durch deine ausgestreckten Finger rinnt,
Ich schon das Morgenrot zu sehen vermag.

Es taucht die See in warme Farben,
Dass sie gar schon lebendig wirkt,
Während bei dir, von Grau getragen,
Das Tageslicht stetig verrinnt.

Ein halbes My nur unserer Haut,
Getaucht in pures Sonnenlicht,
Im reinsten der Momente als
Die Stille zu uns beiden spricht.

Herzensangelegenheit

Herzerweichend dieses Lied,
Das ich dir aus Liebe schrieb
Und in der Hoffnung es ersann,
Dass es grad dein Herz schmelzen kann.

Denn dein Herz ist's, was ich begehr,
Wonach schon lang ich mich verzehr,
Doch kann die Kost ich erst genießen,
Wenn meine Kunst sie bringt zum Fließen.

Drum schreib ich Strophen Tag um Tage,
Bis dieses eine Lied ich habe,
Welches zu ändern wohl vermag
Den Zustand des Zielaggregats.

Und bald schon werde ich es sehen,
Wie unsre Herzen sich begegnen
Und sich berühren dann ganz zart,
Für einen wundervollen Start.

Glücksgefühl

Für einen Moment verspürt' ich Glück.
Es war dies nur ein Augenblick
Und doch gleicht's einem Fingerzeig,
Dass ich von nun an bin bereit,

Dies Hochgefühl näher zu erkunden.
Es öffnet Türen, heilt Wunden.
Es lebt nicht nur in dir und mir,
Nein, jedem Wesen dort und hier

Ist es beizeiten wohl zu eigen,
Doch scheut es manchmal, sich zu zeigen,
Da schlechter Einfluss es vertreibt.
Nicht lang jedoch währt diese Zeit.

Drum wurden wir mit uns belohnt,
Weil dies Gefühl uns innewohnt.
Es ist so intensiv und stark,
Grad so als wie am ersten Tag.

Und wenn es nur für immer bliebe,
Würde aus Glück die wahre Liebe.

Spiegelbild

Lebe die Liebe dieser Nacht,
In jedem einzelnen Augenblick.
Oh spüre sie und ihre Macht
Und blicke niemals mehr zurück,

Auf Worte, Taten, die gewesen,
Die vormals wohl geschehen sind.
Du warst gebrochen, bist genesen,
Bist nun des Glückes liebstes Kind.

Und blickst du in den Spiegel jetzt,
Wen siehst du dort, ganz unverhohlen?
Den Menschen, den du höchst wertschätzt.
Dein stärkstes Ich, seit du geboren.

Was du noch alles wirst erreichen,
Das steht geschrieben in deinen Augen.
Lass Träume und die Seele schweifen.
Die Welt ist dein und wir sind Zeugen!

Und es beginnt in dieser Nacht.
Die Wahrheit, sie liegt neben dir.
Und morgens, wenn sie dann erwacht,
Nimm dir ein Herz und sag es ihr.

HD Ready

Gestochen scharf, so seh ich dich.
In Full HD, perfektem Licht,
Erschließt sich mir so rein und pur
Die filigranste Feinstruktur.

Vom Wimpernschlag bis hin zur Iris,
Es offenbart sich mir so vieles,
Was ohne diesen Adlerblick
Verborgen blieb ein gutes Stück.

Die kleinen Details und feinen Nuancen
Erkenn ich nun im großen Ganzen,
Die deines Antlitz', wie ich merke,
Vollkommenheit auch noch verstärken.

Die Art wie deine Lippen schwingen,
Lachfalten mich zum Lächeln bringen,
Sich deine Lider heben, senken,
Die Stirn verändert sich beim Denken,

Die Haare dein Gesicht umrahmen
Und deine Augen mich enttarnen,
All dies blieb lange mir verborgen,
So unscharf durch geschlossene Pforten.

Doch seh ich's nun so klar bei dir –
Die Tür steht offen und ich bin HD Ready.

Bis zuletzt

Bis ans Ende aller Tage.
Bis ans Ende dieser Welt.
Bis ich's einfach nicht mehr wage.
Bis der große Traum zerfällt.

Bis Äonen sich ergießen,
In des Himmels letzten Schrei
Und das Licht sterbender Sterne
Zieht ein letztes Mal vorbei.

Bis der letzten Rose Blüte,
In des letzten Jahres Herbst,
Farblos, doch voll Stolz verblühte,
Wie des letzten Dichters Vers.

So lang werde dein ich sein,
Dein in jedem Augenblick,
Denn dein Zauber ganz allein,
Zeigte mir den wahren Weg,

Zu Gefühlen, nie erahnten,
Tiefer Liebe, nie erträumt.
Dankbar bin ich in Gedanken,
Für deine Einzigartigkeit.

Warum ich schreibe

Ich schreib Gedichte, weil ich's mag
Und weil ich's sonst auch nicht ertrag,
Was mir das Schicksal oft bereitet,
Auch wenn es all dies stets bestreitet.

Verarbeiten wird's meist genannt,
Was dann mein Kopf und meine Hand
Bringen zu Papier zu später Stunde.
Es lindert Schmerzen, heilt Wunden.

Danach fühl ich mich meist befreit
Und les es auch von Zeit zu Zeit.
Ein Teil des Schmerzes steht auf dir,
Du unschätzbar wertvoll Papier.

Manchmal braucht's viele kleine Werke,
Um mich zu bringen zu alter Stärke.
Doch jedes Mal, wenn es vollbracht,
Ist es mein Herz, das wieder lacht.

Drum schreib und schreib und schreibe ich
Nen Text, ein Lied oder Gedicht
Und werd es niemals bleiben lassen,
Weil's die Gefühle mich lässt fassen.

Niemals

Für immer werd ich dich vermissen,
Doch niemals deine Lippen küssen.
Der warme Atem, der mich umweht,
Wenn deine Liebe du mir gestehst,

Wird niemals meine Haut berühren,
Auch dies Gefühl werd ich nie fühlen,
Wenn du mit mir aus Liebe redest,
In meinen Gedanken mir begegnest
Und deine Stimme weich und zart
Für einen Moment im Ohr verharrt.

Dein Antlitz wird weiter verblassen,
Werd mich von Sehnsucht lenken lassen
Und nicht von deinem hellen Glanz,
Der niemals vor meinen Augen tanzt.

Der süße Duft auch deiner Haut,
War mir zu keiner Zeit vertraut
Und wird's in Zukunft auch nicht sein,
Denn nie warst du so innig mein.

Auch deine Lippen schmeckt' ich nie,
Im besten Fall erahnt' ich sie.
Der sanfte Druck, wenn Mund an Mund,
Zwei Seelen tun sich Liebe kund

Und finden sich zu einer Einheit,
Von einmalig vollkommener Reinheit,
Mit dir werd ich dies niemals teilen,
Da du wirst niemals sein die Meine.

Café

Ach, ich bin ja auch so'n Schisser.
Ich stehe hier, du sitzt da,
Obwohl ich doch wohl besser

Mich zu dir schnell gesellte,
Nen Kaffee uns bestellte,
Damit bei Tages Helle,
Grad an der Dämmerungsschwelle

Wir uns mal kennenlernen,
Bis unter nächtlich Sternen,
Den leuchtend hellen, fernen,
Wir merken, dass wir gern ent-

Schleunigen die Zeit,
Wenn wir zwei sind zu zweit.
Doch ist's noch nicht soweit,
Denn wer ist nicht bereit?

Ach – Ich.

Na war ja klar!
Wär ja auch wunderbar,
Wenn es mal prompt geschah,
Dass diesen Mumm ich hab,

Den ersten Schritt zu tun,
Dem Glück die Hand zu reichen.
Lass keine Zeit verstreichen!
Lass die Gewohnheit ruh'n!

Und auf zu neuen Pfaden,
Die mir viel Schönes bringen.
Den Schweinehund bezwingen,
Denn nicht Gedanken, sondern Taten

Führ'n dich auf diesen Weg,
Den rechten, den markanten,
Den weitgehend unbekannten,
Auf dem Erfüllung steht.

Dem Sinn des Lebens zugewandt
Ist dieser Pfad und wohlbekannt
Sind Glück und Leid ihm beide,
Doch so viel mehr noch Freude.

Ein Stück Unendlichkeit

In stiller Hoffnung lieg ich hier
Und träum die ganze Zeit von dir,
Meinem eigenen Stück Unendlichkeit.
Es scheint so nah, so griffbereit.

Jede Sekunde bringt mich näher,
In Raum und Zeit unserer Sphär'.
Nun ist's nur noch ein kleines Stück,
Ein Wimpernschlag, ein Augenblick,
Bevor ich dich letztlich erreiche
Und niemals wieder von dir weiche.

All jene Hoffnung ist gebunden,
In diesen letzten paar Sekunden,
Und doch, noch ist es nicht vollbracht,
Es wartet noch die letzte Nacht.
Wer weiß, was sie noch bringen mag,
Genauso wie der letzte Tag.

Und erst im endgültigen Moment,
Sofern du dich zu mir bekennst,
Fällt alle Last von meinem Herzen,
Verflüchtigen sich all die Schmerzen
Und blüh ich auf in voller Liebe,
Die immerfort mich zu dir trieb.

In ganzer Schönheit, voller Pracht,
Erstrahlen wir nun Tag und Nacht.
In diesem Punkt, für alle Zeit –
Mein kleines Stück Unendlichkeit.

So voller Hoffnung lieg ich hier
Und träume weiterhin von dir.
Was würde ich nicht alles geben,
Könnt ich doch diesen Traum nur leben.

Vergangener Tag

Vor einer halben Ewigkeit,
Da war es Tag und ich befreit,
Von all den lästigen Gedanken,
Die heute bringen mich stets zum Wanken,

Sich bohrend durch die Seele fressen,
Sie lassen mich den Tag vermissen.
Der Tag, an dem die Sonne schien,
Bevor sie plötzlich unterging.

Ganz unverhofft sank sie darnieder
Und glaub mir, sie kehrt niemals wieder.

Nun sitz ich hier zu dunkler Stunde.
Die Nacht, sie schmeißt die nächste Runde.
Bin Dauergast, bleib noch ne Weile,
Bevor ich mich dafür entscheide,

Dem Schimmer endlich nachzugehen,
Den ich am Horizont dort seh.
Ein neuer Tag oder nur wieder
Eins dieser altbekannten Lieder,

Die neue Hoffnung suggerieren,
Bevor sie sich im Nichts verlieren?

Der Welten Lauf

Es liegt die Welt darnieder,
Die Wogen glätten sich
Und ich schau niemals wieder
Dein herrlich Angesicht.

Gefangen in der Ferne,
Bin ich dir nimmer nah
Und wär es doch so gerne,
Doch ist's nicht mehr – es war!

Der Welten Lauf führte mich zu dir
Und wieder von dir fort.
Nun stehe und ich schwanke hier
Und taumel über Bord.

Im Strome der Gezeiten
Siecht mein Verstand dahin,
Träumt mal vom Unerreichten
Und mal vom Neubeginn.

Und so vergehen Jahr und Tag,
Voll Zwiespalt meine Seele.
Weiß nicht, wie lang ich's noch ertrag,
Wie lang ich mich noch quäle.

Fehlgeleitet

All diese Dinge, in denen wir verbunden,
Die Jahre und Tage, Minuten, Sekunden,
In denen wir gemeinsam das Glück uns erdachten
Und uns immer wieder neue Hoffnung vormachten.

All dies vergangen im Nebel der Zeiten.
Gewissheit begann unsre Wege zu leiten,
Fort voneinander, doch näher zum Glück
Und führte jeder Schritt vorwärts zunächst noch zurück,

So ließ die Spannung doch nach,
Das Band es zerbarst...

Und heut können wir sagen,
Diese Dinge sie waren.
Sie waren es wert, doch sind nun vergangen
Und keiner von uns wird mehr danach verlangen.

Irrwege

Und was ich dir noch sagen wollte,
Dass niemals ich die Zeit bereute,
Als du warst mein und ich der Deine,
So unbeschwert und voller Träume

War unser Leben wohl gewesen,
Nun brauch ich Zeit, von diesem Schmerze zu genesen.
Und manch ereignislose Stunde
Öffnet in mir die tiefe Wunde.

Mein Herz es bricht, zersplittert, schreit
Nach dieser längst vergangenen Zeit,
Der Zeit, von der ich immer glaubte,
Dass sie auf ewig sich behaupte.

Unendlichkeit schwand bald dahin
Und ließ mich fragen nach dem Sinn.
Bis heute blieb die Antwort aus.
Und was ich lernte wohl daraus?

Ich kann's nicht sagen, nicht ein Stück,
Bin auf der Suche nach dem Glück,
Geborgenheit und Leidenschaft,
Der wahren Liebe, mit letzter Kraft.

Schwarz-Weiß

Ich sah es kommen, sah dich gehen,
Begann zu begreifen, dass ich nichts versteh.
Dein gut gemeinter, böser Wille,
Kreierte lautstark stete Stille.

Vielsagendes, betretenes Schweigen
Ließ mich in kalte Nacktheit kleiden.
Bist nicht mehr nah mir in der Ferne.
Ein Sonnenstrahl, so kalt, so ohne Wärme.

Die Summe zweier Teile

Jetzt seh ich dich dort stehen und
Spüre, wie deine Welt zerbricht,
Wie du langsam in die Knie gehst
Und ich mir denke: „Bitte nicht!"

So hab ich's wirklich nicht gewollt,
Doch da muss ich jetzt wohl durch
Und irgendwie bist du ja auch dran schuld,
Also warum dann diese Furcht?

Und dann ist es endlich vorbei,
Du bist am Boden, ich nicht ganz.
Bis hierhin waren wir noch zwei,
Jetzt gibt es keine zweite Chance.

Die Summe zweier Teile ist geteilt.
Waren immer nur zu zweit und sind jetzt wieder ganz allein.

Und dieser Bruch hat dich gebrochen,
Hat dir genommen, was du geliebt.
Hast dich in Einsamkeit verkrochen,
Weißt nicht genau, warum es dich gibt.

Jetzt ist das alles Monate her
Und du gehst immer noch am Stock.
Das Leben fällt dir so unendlich schwer,
Hast einfach überhaupt keinen Bock mehr.

Die Summe zweier Teile ist geteilt.
Waren immer nur zu zweit und sind jetzt wieder ganz allein.
Ja, die Summe zweier Teile bleibt geteilt,
Waren immer nur zu zweit, doch das ist lange schon vorbei.

Und du lebst, wie du liebst!

Was bleibt ist Liebe

Es ist die Sehnsucht, die mich trägt,
An Orte, völlig unerwartet,
Tausendmal mich dorthin verschlägt
Und mich dort immer wieder martert.

Es ist die Hoffnung, die's erlaubt,
Mir sagt, was war wird wieder gut,
Hat dem Verstand den Platz geraubt
Und gibt mir zweifelhaften Mut.

Und Liebe kommt und Liebe geht,
Liebe ist alles, was ich bin.
Wenn's jemand gibt, der mich versteht,
Gib meinem Leben einen Sinn.

Gedanken bohrend in meinem Hirn,
Blicken zurück auf diese Tage,
Als unter leuchtendem Gestirn,
Ich so unendlich glücklich war.

Ja dies Gefühl, das mich zerreißt,
Es quält mich nun so lange schon,
Bis irgendjemand mir beweist,
Dass ich gehör auf ihren Thron.

Und Liebe kommt und Liebe geht
Liebe ist alles, was ich bin.
Wenn's jemand gibt, der mich versteht,
Gib meinem Leben einen Sinn.

Jetzt steh ich hier und zähl die Stunden,
Rede mir ein ich hätte Mut.
Hab Depressionen überwunden
Und hoff, am Ende wird es gut.

Und Liebe kommt und Liebe bleibt,
Ja davon bin ich überzeugt,
Dass man zu zweit Geschichte schreibt,
Sich niemals der Verzweiflung beugt.

Frühlings Erwachen

Im goldnen Schein der Abendsonne,
Wenn alle Schatten werden lang
Und Vögel frei und voller Wonne
Hoch in den Wipfeln musizieren,
Kann die Zufriedenheit ich spür'n
Und fühle, dass man leben kann.

Ja nicht nur kann, sondern auch sollte
Und niemals dies verleugnen darf.
Dies Leben ist's, das große stolze,
Dem immerfort Respekt gebührt,
Das uns zur Liebe einst verführt
Und sich dem Tod entgegenwarf.

Kaum ein Gedanke, der's vermag,
Die Wärme so in mir zu wecken,
Wie's kann der erste Frühlingstag,
Mit all den kleinen Spielereien,
Der Sonne die aufs Wasser scheint
Und Menschen, die den Rücken strecken.

So wohltuend optische Reize,
Gepaart mit Klängen so vertraut,
Die stets und ständig mich begeistern
Und meinem Herzen Freude bringen,
Sie lassen Melodien erklingen,
Derer man zu oft ist beraubt.

Mich zieht's hinaus zu den Gestaden,
Zu hohen Bergen, weiten Seen,
Zu endlos langen Wanderpfaden,
Deren Distanz und volle Weiten
Man kaum vermag wohl zu begreifen,
Es sei denn, man hat's selbst gesehen.

Nun seh die Schönheit ich und bin
Verzaubert von ihr ganz und gar.
Und zieht es mich auch zu ihr hin,
Bleibt mir doch nur, sie zu begehren,
Des Tags und nachts mich zu verzehren,
Nach ihr, der wahren – wunderbar.

Und glaube mir du armer Thor,
Magst du auch noch so schlau erscheinen,
Du bist so klug als wie zuvor,
Wenn du die Herrlichkeit nicht siehst,
Frühlings Erwachen dich umfließt
Und du es wagst es zu verneinen.

Der längste Tag

Grad so als wär's der längste Tag,
Voll Sonnenschein jede Sekunde.
Dies Licht, dass Glück zu bringen vermag,
Durchströmt mein Herz im tiefsten Grunde.

Ja jeder Winkel wird erleuchtet,
Der lange nur das Dunkel kannte
Und niemals wusste, was er bräuchte,
Bis Dämmerung die Nacht verbannte.

Nun ist er da, der Jubeltag.
Oh bitte, lass ihn nie mehr enden!
Doch kommt's drauf an, von welchem Schlag
Wir sind und wie wir ihn verwenden.

Ich für meinen Teil hab die Nacht
So satt mit allen ihren Lügen,
Genieß des warmen Tages Pracht,
Die steten Strahlen – bin beflügelt.

Lichtspiele

Wenn die Sonne am Abend sich dem Horizont nähert
Und der Himmel glutrot und von Wolken verfärbt
Auf einfachste Weise Romantik verströmt,
Dann denk ich an dich, dann bin ich verwöhnt.

Wenn der Nebel sich sammelt, beim letzten Lichtstrahl,
In tieferen Lagen, im finsteren Tal
Und hoch über uns die Berggipfel glühen,
Dann zerrt dies doch stark an meinen Gefühlen.

Wenn der erste Stern vom Firmament sich abhebt
Und so der Nacht Schwärze mit seinem Leuchten belebt
Und mit seinesgleichen dann über uns wacht,
Dann ist's nicht nur mein, nein, auch dein Herz das lacht.

Wenn die Welt dann am Morgen wird wieder erweckt,
Von der Sonne zum Leben, was in allem steckt
Und du dann ganz langsam in meinen Armen dich regst,
Vom Schlaf noch ganz trunken deine Augen aufschlägst

Und dies himmlisch bezaubernde Lächeln mir schenkst,
Dann bin ich, mein Engel, dir verfallen schon längst.

Im Schein der Lampe

Und wie sie dort so tanzen,
Von Lampen angeleuchtet,
Wie Lichtkegelromanzen,
Einander zugeneigt.

In diesem Kegel sind sie eins
Und einzigartig, ganz für sich.
Genießen den Moment zu zweit,
Im sanften, warmen Lampenlicht.

Die Vorstellung

Als Schlaf übermannte mich des Nachts,
Da drang sie schon in meine Seele
Und ließ mich spüren ihre Macht,
Zumeist jedoch ohne zu quälen.

Sie steckt in Wünschen und in Träumen
Und auch in Ängsten ist sie präsent.
Man kann sie keinesfalls versäumen.
Kein Mensch, der sie nicht sehr gut kennt.

Denk ich nur an die nächste Zeile,
Ist sie erneut in meinem Geist,
Verharrt dort eine kurze Weile
Und wartet, was ich letztlich schreib.

Es ist ein Glück sie zu besitzen,
Das Leben wäre sonst recht karg,
Kann uns in schweren Momenten stützen
Und doch ist sie auch manchmal hart.

Wellenreiter

Dort wo das Meer mit tausend Mäulern
Den Mutigen zu morden sucht
Und nassgeborene, blaue Feuer
Mit weißer Flammen blinder Wut
Aufbrausend nach dem Leben trachten.

Dem Leben, dass bar jeder Furcht,
Sich in die Fluten warf und durch
Endlose Wellenkämme schwamm,
Um auf der andren Seite dann

Sogleich sich in dieselbigen,
Mit einer Planke nur versehen,
Zu stürzen und am Ende dann
Vor zuschnappenden kiefergleichen
Wogen wild hinfort zu reiten.

Wild, doch ruhend im Moment,
Denn wer des Meeres Gewalten kennt,
Der weiß, dass Hast hier nicht geboten.
Es gilt die Chancen auszuloten,

Um aufrecht dann dem Strand entgegen
Zu gleiten und zu spüren das Leben.
Mit jeder Faser deines Seins
Ist der Moment ausschließlich dein.

Heile Welt

Mir liegt die Welt zu Füßen,
Denn ich steh drauf, sie einfach zu genießen,
Sie auf mich wirken zu lassen
Und in Worte zu fassen.

Sie lässt mich nach ihr sehnen,
Denn ich steh drauf, ihren Klang zu vernehmen,
Ihrer Stille zu lauschen,
Mich an ihr zu berauschen.

Ich inhaliere ihren Duft,
So tief, so voller Hochgenuss
Und blick hinaus aufs weite Meer,
Gebirge, Wüsten, unendliche Wälder.

All dies so unberührt, so unverführt,
Noch nicht von Menschenhand zerstört.
Solange ich noch kann,
Verfall ich diesem Bann.

Bis bald der letzte Berg erschlossen,
Der letzte gute Bann gebrochen
Und jeder Winkel ist bevölkert,
Bis uns die ganze Welt gehört
Und wir nur noch aus Sagen ahnen,
Wie heil doch unsre Welt mal war.

Hinaus in die Welt

Es weht ein Hauch Unendlichkeit
Durch die Gemäuer in die Welt.
Zu wagen diesen ersten Schritt,
Bedenklichkeiten eingestellt,
Gehst du zuerst und ich komm mit.

Essen und Trinken

Den Kopf halt kühl, die Füße warm
Und iss nen Apfel jeden Tag.
Von mir aus auch mal gerne zwei,
Nen dritten, vierten – einerlei!

Verzehr dazu reichlich Gemüs'
Und trinke immer Wasser bloß.
Reis, Müsli und ein Fischfilet
Sind auch an jedem Tag ok.

Und manchmal eine Portion Nudeln,
Kartoffeln, Hühnchen, Apfelstrudel
Machen deinen Körper auch nicht krank,
Doch lass die Finger, wenn du kannst

Von zu viel Zucker, Salz und Fett.
Auf Dauer sind die gar nicht nett.
Sie lassen deinen Körper quellen,
Schicken sich an, dich zu entstellen.

Sie fressen dich von innen auf
Mit Krankheit, Leiden, Pillenkauf.
Drum tu' ich diesen Rat dir kund,
Mach's wie's hier steht und bleib gesund.

Süße Weihnachtszeit

Wenn Lebkuchen zur Sommerzeit
Schon in Regalen stehen bereit
Und nebendran auch noch die süßen
Spekulatiusse grüßen.

Dann scheint sie bereits angebrochen,
Die Weihnachtszeit, obwohl wir noch
Bei Hitze uns an Stränden räkeln,
Uns vor dem fetten Essen ekeln.

Erst wenn Dezember und Advent
Auf dem Kalenderblatt präsent
Und vor der Tür die Stürme toben,
Eiskalter Regen unverfroren

Nacktes Holz und Erde peitscht
Dann sind wir tatsächlich bereit,
Sie voller Freude zu empfangen,
Die Weihnachtszeit, vier Wochen lang.

Und langsam, ja ganz langsam nun
Erstirbt der Endjahreskonsum,
Doch Lebkuchen und Spekulus,
Die stehen bereit für den Genuss.

Bis fast hinein ins Frühjahr bald,
Da Zucker nicht so schnell verfällt.
Und alle essen, schlingen gar,
Adventsgebäck, ein halbes Jahr.

Padma Abendessen

Manchmal denk ich mir so im Stillen:
„Was hat der oben dort für'n Willen?
Lässt mich beim Warten schon vergessen,
Was ich doch grad noch wollte essen."

Als ich vor Hunger fast von Sinnen,
Hör ich es hinter mir doch klirren.
Das Essen kommt – „Oh Gott sei Dank".
Die Rettung naht aus Prakasch's Hand.

Das Letzte

An jedem Morgen denk ich mir:
„Warum die letzte Flasche Bier?
Die Vorletzte wär' auch genug,
Dann ging's mir jetzt vielleicht auch gut."

Doch wie ich wohl erkennen muss,
Ist nach der Vorletzten nie Schluss.
Hör ich nämlich nach dieser auf,
Kriegt sie sofort den Stempel drauf,
Dass sie doch wohl die Letzte war,
Die ich gestern getrunken hab.

So kann die Erste Letzte sein.
Da ist's wohl besser ich trink kein,
Na vielleicht nur ein halbes Bier.
Das ist dann wohl auch nicht zu viel.

Das Ei des Platypus

Der Schnabeligel liegt im Busch
Und wartet auf das Platypus.
Gemeinsam legen sie ein Ei,
Das geht auch besser, so zu zweit.

Vom Machen und Tun

"Dit wat de kannst und dit wat de machst,
Dit sind zwee Paar Botten", hat meen Vadder jesacht.

"Dit eene is jroß und passt dir jenau,
Dit wat de trägst is zu kleen und für die Sau.
Und kiektest de dir ma deene Quanten an,
Dann würdste ooch sehn, wat dit anrichten kann.
Verkrüppelt, am Schrumpfen und voller Blasen,
Davon kriegste höchstens noch Metastasen.
Hättste dir ma nen Kopp jemacht,
Dann könntst jetz ooch loofen, aber so Jute Nacht."

So isset im Leben, wenn man tut wat man kann,
Dann isset meist jut, aber ooch nur dann.

Sumdho

Einmal in Sumdho, ja da saß
Der Martin in recht kurzem Gras
Und neben ihm Giuseppa aß,
Was sie vom Boden so auflas.
Einstweilen auch ein Ei sie fraß
Und über diese ganze Farce,
Der Martin letztlich glatt vergaß,
Dass er in kurzem Gras doch saß.
Und dieses Gras, dass war recht nass,
Doch Glück, oh Glück, Martin besaß
Ne zweite Hose und zwar schwarz,
Die er um seinen Arsch bemaß.
Nun setzte er sich auf ein Fass,
Direkt neben den Cataras,
Wo leider auch Giuseppa saß,
Der Hund von unbekannter Rass'.
Der Floh schon die Entfernung maß,
Als Martin dachte sich: „Ach lass!"
Und hörte auf mit diesem Spaß.

Flucht

Nach Norden.
Fort von den wilden, den mordenden Horden.
Nach Norden.
So gern wir hier blieben, in der Heimat, geborgen.
Nach Norden.
Doch treibt uns die Angst, die Gewalt hinfort.
Nach Norden.
Wo die Freiheit noch frei ist und nicht im Kerker verborgen.
Nach Norden.

Nach Westen.
Sie sagen dort gäbe es Kleidung und Essen.
Nach Westen.
In der Hoffnung, das Sterben und Leid zu vergessen.
Nach Westen.
Die Seelen der Kinder, die verstörten, verletzten.
Nach Westen.
Doch die Grenzen geschlossen und die Türme besetzt.
Nach Westen.

Nach Osten.
Zurück übers Meer, in Booten, die rosten.
Nach Osten.
Weil ertrunken, verhungert wir weniger kosten.
Nach Osten.
Zwischen Grenzen gefangen, heimatlos zwischen Posten.
Nach Osten.
Den Glauben verlierend, scheinbar allen zulasten.
Nach Osten.

Nach Süden.
Kein Haus, keine Heimat, kein Land und kein Frieden.
Nach Süden.
Niemand, der sich erbarmt, von überall vertrieben.
Nach Süden.
Doch kämpfen wir weiter, der Kinder zuliebe.
Nach Süden.
Immer näher, dem Tod in die Arme getrieben.
Nach Süden...

Flucht aus Syrien, seit 2011

Nachtrag

Mein Dank an alle, die dabei war'n.
Hat mich gefreut, ich war begeistert,
Mit euch den großen Schritt zu feiern,
Den ich nun endlich hab gemeistert.

Ihr habt den Abend, nein, was sag ich,
Mein ganzes Leben stets bereichert
Und schwere Zeiten habt ihr wahrlich
Mir immer ungemein erleichtert.

Ihr seid schon lang in meinem Herzen
Und meinem Kopf ganz fest gespeichert,
Ganz gleich auch, welchen krumm verqueren,
Verschlungenen Pfad das Schicksal zeichnet.

Abschied

Bittere Worte und bittre Momente.
Die Menschen, die waren und all die, die gingen.
Hofften wir nicht, sie auf ewig zu haben?
Und doch sind sie fort, nach all diesen Jahren,

Den guten, den schlechten und auch den durchwachsnen.
Mit ihnen gemeinsam haben wir sie belacht
Und beweint und gefeiert und zu unseren gemacht.

Und sind's auch noch unsere, so doch nicht mehr die ihren,
Denn sie sind ihn gegangen, den Pfad, wie so viele,
Den letzten, der sie auf die andere Seite führt,
Wo erwartet sie werden von jenen die gelebt.

A great story

And from this pencil I will squeeze
A formidable masterpiece,
Flavoured with intrigue and romances,
With heartbreaks and with second chances,
With hope and joy and pain and loss
And all this What-makes-a-great-story fuss.

No way, this is not what I do.
I write a little poem, a short story,
So small and tiny, just for you.
Without the fuss, but with my heartbeat
Immortalized in every line,
In every word and every letter,
Makes my mind feel a whole lot better.

It's freed and flying through the room,
Out through the window, to the moon,
And only space can set the limit,
The universe that we're both in.

Her Universe

Somebody's waiting.
Somewhere on the edges of the world she's creating
Her own little universe.

Passing suns and planets, solar systems,
Hardly affect her gravity,
Except this one mysterious whistling
That pulls her to it, constantly.

She's not denying and not fighting,
Enjoys to be pulled into it,
Merges her universe to his,
Becoming one, the perfect fit.

Falling

I'm falling and I love it.
I'm falling, was above it,
But since I'm falling, I admit,
I never ever want to quit.

When first I fell, I fell for you
And felt the urge to get through to you,
But since this pressure fell off my heart,
I fall in love, I fall apart.

I never want to hit the ground.
I want to fall, to hear the sound,
Which makes me deaf to all the voices.
I want to fall without devices.

No parachute that slows me down.
No net or cushion on the ground.
Just me, who falls through the thin air,
Who falls so deep and even deeper.

Man in the moon

And if I were the man in the moon,
I'd watch you fall asleep each night.
I'd slip into your dreams as soon as you
Entered this wonderland of mine.

And there we'd laugh and dance and travel around the world
We'd do whatever we feel like.
We'd be together a whole lifetime or two
Cause in this world we'd defy time.

And just as silver linings herald day's arrival
We'd kiss our long endless goodnight,
Being aware that after everyday's survival
We'd meet again when you sleep tight.

That's how it was and is and will be for some time to come.
The night is ours and no-one else's.
And yes, I know and knew it all along,
In time we'll conquer day as well.

Till then

Till the last of days has come,
Till the end of ends is near,
Till my bravery is gone
And all dreams will disappear.

Till eons are floating desperate
Into screams of falling skies
And the light of dying stars
One last time just passes by.

Till all roses lose their blossoms
In the last year's days of fall
And the last poet is tossing
His last lines against the wall.

That's how long I will be yours,
Yours always and yours alone,
Cause your magic was the force
That showed me the right way home.

Home to feelings never felt,
Deepest love never imagined.
I am grateful to the world
For this unique girl it sent.

<u>Synchronised</u>

And while we are wandering through this paradise of ours,
Our steps synchronised and my hand holding yours,
With smiles on our faces and the brightest of thoughts,
The feeling of the moment turns into truth,
That for as long as I'm around, I want to be around you.

Endless Moments

Time's flying past, we're getting older,
But there's one thing that lasts – you're at my shoulder.
The beauty of those moments, that we both share
Will remain when the world ends, beyond final despair.

2000 Miles

2000 miles apart, my love,
Two days from where you wait for me.
I look up to the stars above
And feel that you can't wait to see
Me soon again, neither can I.

What gives me strength in days like those
Is though our bodies separate miles,
Our souls and minds are always close.
I see your face in dreams each night,

I know you're thinking of me now
And when I recognize your eyes,
No single word can describe how
My heart is jumping in my chest,
My mind is focused, sees so clear
That you're undoubtedly the best,
The truest love that could appear.

Each day I want to tell you this.
Each second I do love you more.
I never felt a sweeter kiss
Of destiny – of you – my heart.

Lover's Land

I want you to be part of me,
To feel your warmth and never leave.
In every cold and lonesome night,
I want to know you by my side.

When fearsome moments capture me,
Then I need you to set me free,
To wrap your arms around me tighter,
To hug me till I'm smiling brighter.

Cause when I sense your sweet odour,
I know that I am finally where
I do belong, where I feel safe,
In this comforting, happy place.

The one that I call home, where I
Will always be just by your side
And when I turn and kiss you then,
We'll be in our own lover's land.

Life

Life is too short
And life is all mine
And yours and nobody else's!
Life gives you goosebumps,
You know that, cause you felt it.

When the world bloomed in spring
And this girl passed by,
She was just amazing,
You could tell at first sight.

Her body was dancing,
Her face looked so nice,
You caught yourself romancing
At the sight of her eyes.

Her appearance so handsome,
So soft, so inviting,
And your love for her grew
Since this first day in spring.

And the better you knew her,
The deeper your affection,
In a loving man's summer,
Not regretting his selection.

When the days got shorter
And the leaves started falling,
And the first signs of autumn
Were about to bring

October storms and rainy weather,
November frost and days much wetter,
You realized time's running out
And that you're finally about
To spend your last long winter nights
With the one you love, who is so right,

And has been since the day you met,
No single second you regret,
Not even in the last instant,
When your eyes fall shut at the very end.

This moment so extremely short
Then tells you what your life's about
And finally you realize
That by no means it was a waste.

Morning's delight

Wake up!
Here comes the sun,
A tiny speck of light
Just in the corner of your room.

Was hiding, is approaching you,
Each second coming closer to
Your body, for your eyes it's aiming
To wake you up, to make you rise again.

This moment when the day ignites,
That's when I whisper to you lightly,
That's when I carefully kiss your cheek
And hope that you will smile at me.

Cause you are gorgeous how you lie
There with your blanket pulled so tight
And tiny eyes so sleepy still,
But full of love, which makes me feel
As happy as a man can hope.
I never want to let this go!

I want this scene each single morning,
I want the beauty of our bond to bring
This brightness to our daily lives.
I do believe that we deserve
This after countless lonesome nights.

Happy at last

And if it requires eternity,
I will always search for my missing piece,
The one who fulfils, who matches me,
Who makes my love and life complete.

I will search for her in cities and countrysides,
In villages, towns, in the pale moonlight.
As long as the sun or the stars still shine,
I will search for you darling, for you to be mine.

And when finally I found you and the last day has come,
I will use it to tell you, to sing you my song
'Bout my quest, where it took me, how I got around,
To bring me to where and who I am now.

May all other days and seasons have passed,
None of this matters, cause I'm happy at last.

<u>Feelings and Needs</u>

No word can tell you how I feel,
No poem verify, that it's real.
No song will ever sound so sweet,
To describe my everlasting need.

Torn

You put a smile upon my face
By only being in my thoughts.
These long forgotten happy days
Then re-emerge deep in my heart.

Those simple things that I remember,
It's you and me just sitting there
In spring and summer, in December,
Having a chat over a beer.

And there was never ever more,
Nor will there ever be.
I'm happier, though, than before
And that's because, well, I met thee.

Thee who admits to be my friend,
To care about what I will do,
To save me from this last descent
And rescue me, no matter who
Or what might harm my life, my senses.
She will be there for last defences.

This unique personality
Prevents my heart from being free,
And captures it in infinite longing,
In hope for what will never come.

So here I'm caught between the moods
That neither serve me bad nor good.
My heart is torn my body's weak.
I am forlorn...

Misfit

That's it.
Misfit.
We were.
We shared.
We missed
Our kiss.
We won,
But – gone.
We lost.
Me most.
Adored
Too short.
Betrayed?
No way!
Was just
Misfit.

Losing

The work is done,
It's you, who's gone
And me who's lost...

Hopeless

Early spring turned into autumn,
There's a huge part that I miss
And the snow's already falling,
With its first freezing kiss.

When the lights begin to fade,
When the sun stops to shine
That's the moment I'm aware
That, my darling, you were never really mine.

Between the first kiss and the last
Was this tiny piece of time,
In which we both were so happy,
In which I could make you smile.

But when finally it was over,
Eternity sent its request,
For my life to get much colder,
It took the warmth and all the best.

So what a life, it is mine,
I've already stopped to try.
Keep my hope and my belongings,
For the sun will never shine.

And again I'm all alone,
Winter waits outside the door.
Try to keep my body warm,
But my soul stays freezing cold.

And the darkness that surrounds me
Lets me see no silhouette,
As I stumble through the night,
Stepping closer, always closer to the edge.

So what a life, it is mine,
I've already stopped to try.
Keep my hope and my belongings,
For the sun will never shine.

And my body's aching and my soul is weak
And I don't know what there's left to keep.
Well, it's just not fair to stand at this end of the line.

Night Sky

All hope is gone, it's been a while,
That I allowed myself to dream,
That I faced life with an open smile
And things were bright and green.

Was brave when all this started,
But just to some extent
And now we are departed,
Things coming to an end.

My time is up and love is blind
And you are just right there,
But I don't dare that you will find
This lost soul waiting here.

I stare into the dark nights' sky,
Its occupying infinity
And wish there will be one last try
For me to grab eternity.

All over now

When churchbells ring and angels cry,
That is the time when my heart dies.

When legs and feet begin to shake
And head and stomach start to ache,
Yes, then I know our time has come,
Our love and life – it is all done.

Especially has died my heart,
Was broken and was torn apart,
Pulled from my body, thrown away,
So that no more any life could stay

Inside this empty wrap of flesh.
It will take time to be refreshed.
We'll see what happens until then,
Maybe I'll die or live again.

Destiny

I'm in the middle of my twenties,
Resuming all the years I had,
Hoping that there will still come plenty,
Which turn out rather good than bad.

And I look back on what I've done,
What happened to me in the past,
On everything I lost and won,
And all the things, that do still last.

Some of those things will never end
And only destiny knows why.
It's her, who makes the one man stand
And makes another want to cry.

I'm on your side you moody girl
And hope, you'll always be on mine,
For I will beat this trying world
And with your help, I'll be just fine.

When I'll remember special days
That where, are or are still to come,
I'll surely say: „It was destinies ways,
That led me to what I've become."

Back in time

A leap back in time,
Away from the shore,
I struggle to find
What happened before,

Cause truth has been twisted
That I once believed,
My mind has been shifted
And never retrieved.

<u>Happy Birthday</u>

On your birthday make a wish I say,
Cause it's your own, your special day.
Believe in it and it comes true
And if you don't, I'll do for you.

I tell the world what you require,
What you most want, what's your desire
And finally, your dream will be
Fulfilled, become reality!

The lolly jar

I keep chocolate in my pocket
And sugar in my lolly jar.
And sometimes, when I do a trick,
All sweets are gone and I am sick.

Springtime

Your happy eyes are smiling,
Your sunny soul is shining
And dancing through the room,
Cause spring is coming soon.

A morning in spring

As the spring's sun is rising,
Casting the first shadows of the day,
I'm already awake with a smile on my face.

A light breeze is blowing
And the air is still fresh,
While morning's approaching
In its gown of bright orange.

The tomtits are cheering
In birch trees nearby.
A vivid couple who's feeding
On the seeds I provide.

I hear blackbirds performing
Their diverse repertoire,
In the treetops this morning,
Everywhere, near and far.

A squirrel is climbing
And jumping around,
So hectically trying
To collect twigs for its home.

As the morning advances
I start to get up myself,
Embracing the weekend
With a smile on my face.

What I did today

What is it, that you did today?
Well, I got up, I had my tea, but wait,
There was something before that.
I think I had a dream.

At first it was all blurry,
Just bit by bit it became clear.
There was this situation, when I got asked:
What is it that you fear?
What is comforting you?
What do you hold dear?

And I replied,
At first unconsciously, but over time
I felt my mouth moving,
I was whispering slightly.

And half awake, half sleeping still,
I kept on speaking, kept repeating
What I now knew nobody heard,
But was too important to be held back.
It just had to be out there,
It had to be said.

What is comforting me is, the one who's around,
Not physically, though, but in colours, in sounds.
What I hold dear, is her presence in my heart beyond bounds.
And what frightens me?
Well, there is close to nothing, as long as she counts.

And then I got up
With a smile on my face,
With two souls in my heart
And birds singing with grace,
As a beautiful sunrise
Made my mind feel at peace.

And that is what I did today.
All else, however important,
Got outshone by this specialty
That my awakening brought to me.

Home summer nights

In summer nights, when
We were sitting in our chairs outside
And it was half past ten,
Sun still to set, the moon already on its rise.

Approaching darkness in the east,
While western skies were glowing
And in between it was just us,
Pointing our fingers, showing

Where we saw the first stars appear,
A bat silently flying
And in the distance barked a deer,
All traffic noise was dying.

Away into the universe
That's where our thoughts were drifting,
From this small peaceful place on Earth,
We saw the fast stars shifting.

Our minds so far away and yet,
Our bodies firmly settled,
Next to the cold bonfire that
Soon ceased to glow and turned to dirt.

The cold was creeping upon us
And darkness spread its blanket
Yet, we kept feeling happy cause
We shared this timeless moment.

The dark side

You're standing there in silence and
Surrounded by the night.
Your eyes wide open, though you can't
See anything without the light.

Inhale the darkness' peaceful time,
The whole city is sleeping.
Far, far away an owl cries,
Nocturnal creatures creeping

So close to you, you feel them breathe
And yet can't make them out,
Cause silhouettes and background merge.
It's black on black around.

So strange this feeling – goosebumps' time
And yet so natural.
This moment is yours and it's mine,
When we're both standing still.

Ode to nature

Oh mighty nature, mother of ours.
Never forgotten, your power and force.
We're bound to your will, your mercy as such
And hope it's not firm, but tender your touch.

Still, we behave, as kids often do.
Unable to learn, at least seemingly so.
You can't see the improvements, the progress we make,
Cause what occupies you is the destruction we create.

Tomorrow, today will be yesterday

The ever-renewed mystery
Of life laid out in front of us,
Converted into history
As living moments come to pass.

Just soak them up, protect them well,
They'll live on in your memory
And form the basis to propel,
To create future fantasies.

Cause from the edges of our minds
We venture out to the unknown.
The challenges that lie behind
Prepared us for what's now to come.

And as we're challenging ourselves,
The road will be a rocky one,
But with persistence and with help
We'll find that we can get it done.

A ride through the forest

As I rode through the forest on a cold day in fall,
An explosion of colours had me yearning for more
And by no means at all were the leaves just brown
They were red, orange, yellow and reflecting the warmth
Of the sun, up above, in the bright blue sky
With specks of white clouds – what a marvellous sight.

And as much as I love those first flowers in spring,
The odour they create and the joy they bring.
Those long summer days, which just can't be compared,
With swims in the lake and many drinks shared.

And winter, oh, how I would love it,
If there would just be any snow
And everything was slightly covered
In flakes of shapes a billionfold.

But what just as much I do hold dear,
Are those rides in the forest, when fall is here.

Revolution

Walking the fields of freedom
Beneath the northern light.
The constant call for justice
Sounds in our ears so bright

And rises to a blizzard
From a million people's throats,
To start this revolution -
Come on, get on your boats!

We raise our million voices
And drop all of our guns,
Cause that's one of our choices,
To fight the violence,

And overcome oppression
Of this unfair regime,
Cause it's so damn old-fashioned
To make your people scream.

Arab Spring, 2010-2012

Where worlds collide

Innocent souls are flying
Up high to safer skies,
Past angels who are crying,
So sick of all the useless fights.

And governments are trying
To confront vicious terrorists,
But they are death-defying
These suicidal radicals.

And populists are lying,
Misleading the uncritical minds,
Who are enraged and buying
The hideous contents of all kinds.

Now violence is on the rise
In western countries just alike.
Citizens worry about their life,
The mood is tilting to the right.

We stood together for so long,
Now drift apart in agony.
It's homemade hatred that has begun
To bring the free world to its knees.

We must speak up to this whole mess
Make sure we're not dragged into it.
If strong enough, we'll pass this test,
Matured and wiser, believe in it!

Terror attack, Breitscheidplatz Berlin, 19.12.2018

Selfless

For my loved ones,
Who I lost and found,
Who sacrificed, but stood their ground,
Who selflessly did let me go,
Despite the pain that they went through.

Fly

Fly!
Beyond all sorrows, beyond time,
Just high
And even higher, for
From this day forward, you're eternal.

And you don't pass away. No!
You're simply on a path that each of us will take one day.
All that you do is look out for the safest way.

A pioneer to all of us,
As you have always been.
We do believe, we trust you cause
You watched over our dreams

When we were helpless, only infants
And did not know what's wrong or right,
You taught us, while we grew up since,
Have always been our safety light.

But now you go…

Your strength regained, youth fills your mind.
Just one last breath before you're dying, but
What else is death, if not
A tortured body's relieved sigh?

You'll be awaiting us
For years and years and years to come.
And as we keep enjoying our lives,
You stay a part of it till one
Fine happy day we reunite.

Oh, what a celebration this will be!